너로 인하여 나는
꽃을 피운다

글 · 그림 송승은

너로 인하여 나는
꽃을 피운다

초판 인쇄 / 2014년 1월 15일
초판 발행 / 2014년 1월 20일

지은이 / 송승은
펴낸이 / 김경옥
편집 / 이진만 염민정
펴낸곳 / 도서출판 온북스
등록번호 / 제 312-2003-000042호
등록년월일 / 2003년 8월 14일
주소 / 서울특별시 종로구 관수동 154-1
전화 / 02) 303-0762, 2273-4602
팩스 / 02) 303-2010, 2274-4602
전자우편 / bjs4602@hanmail.net
값 10,000원

ISBN 978-89-92364-55-3 (03810)
* 잘못된 책은 바꾸어 드립니다.

너로 인하여 나는
꽃을 피운다

글 · 그림 송승은

온북스
onbooks

머리글

음악을 전공하던 내가 막상 역학을 공부한다고 하였을 때 주변의 가족과 수많은 지인들의 한결 같은 반응은 '왜?' 였었다.

그냥 재미로 시작하였던 공부가 여러 선생님을 만나면서 역학의 깊이를 더하여 갈 때쯤 자연과 인간관계를 연구하시던 지금의 스승을 만나게 되었다.

자연으로 보는 자연과 함께하는 공부가 새로이 시작되면서 어느새 나는 자연 속으로 자신도 모르게 빠져들었다. 그리고는 공부도 그림도 하나의 함축된 언어인 시로 다시 나를 깨우는 것이었다.

여기에 소개된 시는 자연 속에 묻혀 세상과의 다른 삶을 공부하던 나를 버티게 하는 지탱목이었고 또 하나의 스승과도 같은 존재라고 할 수가 있다.

천 여년을 애타게 기다리며 천상에서 이루지 못하고 이승에서 이루고자 전하여지는 사랑의 속삭임이며 가르침이자 지침서와도 같은 사랑노래를 시로 표현하였다.

남녀의 사랑을 노래하다가도 어느새 자연을 노래하며 세상의 고뇌를 한 송이 꽃으로 승화하는 깊고 깊은 어느 누군가의 외침을 나의 부족한 글로서나마 세상 밖으로 전하고자 하는 것이다.

생전에 저를 위하여 그리도 가슴을 애태우시며 기다리시다 먼 길 떠나신 아버지, 쉽지 않은 선택으로 마음에 깊은 상처를 남기게 한 부족한 딸을 무한한 애정으로 묵묵히 기다려 주신 어머님께 마음을 다해 감사드립니다.

부족한 제자를 한없는 인내심으로 기다려주시고 지도하여 주시며 또 다른 세계로 이끌어주신 최초의 자연역학 연구가 김석택 님께도 고개 숙여 감사드립니다.

또한 즐거운 마음으로 한 권의 책을 엮어낼 수 있도록 격려해주신 여러 지인님께 진실된 마음으로 두 손 모아 고마움을 전합니다.

• 차례 •

1부 그리움

2부 만남

3부 부탁

4부 공부

마음 심

1부
그리움

강물처럼

사랑이 그리워
내게 오시는가

허나 그 사랑 어찌
나에게서 찾으시는가

흘러가는 저 강물처럼
사랑도 흘러 저만치 가버렸는데

멈추지 않는 강물처럼
변치 않는 사랑 또한 없음이라

슬퍼마오
내 사랑아

흘러 흘러 저 바다가면
이내 사랑 잠자고 있으니

슬퍼말고
내 깊은 사랑 찾아오시면

바다 같은 사랑으로
그대 안아 드리리다

그대여

허공 속에 잠들어 있는
그대여
이제 깨어나 펼치소서
흘러가는 구름에
못다 그린 사랑 얹고
불어오는 바람결에
못다 부른 사랑 노래 부르나니
나비가 허공 속에서 춤을 추듯
내 귓가에 그대의 사랑 노래
소르르 들려주소서

나의 사랑 홍화야

꽃대 옆에 고개 내미는
나의 사랑 홍화야
붉게 피어올라
좋은 세상 구경하는구나

구경하는 동안
너는 나와 함께
저 넓은 세상 한 많은 혼들
초록빛 돛을 달아
꽃 바다에 훨훨 띄워 보낸다
그러고 나서 너와 나는
사랑의 달콤한 향기를 나눈다

기억

내 기억하는 이 없어도
나는 기억하고 있소이다

저 먼 옛날
당신이 노닐던 꽃 바다를

꽃에 파묻혀
보일 듯 보일 듯하던
당신의 치맛자락과
발그레 물든 볼을

어지러이 핀 꽃들이
당신의 혼을 빼앗듯
나는 당신의 볼에
나의 혼을 빼겼다오

꽃 바다에 빠진 당신을
나는 혼을 다해
건져 올렸다오

발버둥치는 당신을
나는 당신의 치맛자락으로 감사안고
꽃 바다를 헤쳐 나왔다오

아직도 꽃 바다를 못 잊는 당신을
나는 쓸쓸히 지켜보고만 있다오

그 꽃 바다가 그리 그립소
나는 그립지 않소
살짝 서운해지오

내 당신에게 아이들 마냥
투정도 부리고 싶소만
내 어이 그리하겠소

하하
그러니 이제 그만 잊고서
나와 함께 둘 만의 꽃 바다를
거닐어 보지 않겠소

투정

사랑은 소리 없이 온다고
누가 그리 말하더이다
허나 내 사랑은 그리 오지 않더이다

온 산을 뒤덮을만한
따스한 심장을 안고
차디찬 눈을 뚫고 오더이다
그 심장으로
나의 얼어붙은 마음을 녹여 주더이다

당신의 포근한 사랑이
나의 치마 속에 스며들어
싸늘한 두 발도 안아주더이다

당신의 그 따스한 사랑에
나는 해님보다 더 붉게 물들어 버리더이다
끝없는 당신의 사랑에
나는 죽어서도 잊지 못하더이다

이제 나는 당신의 사랑 바다에
영원히 빠져 보려 하오니
불어오는 바람과 함께
투정일랑 걷어 버리시구려

너는 나의 별

너는 나의 별
나는 너의 사랑되어 쫓아간다
그 별 따라 나는
또 다른 별이 되어
너의 곁을 지킨다

별빛 속에서
나와 너는 토닥토닥
정겨운 밀담을 나눈다

저 멀리서 너를 쫓는
또 다른 별이 오더라도
너는 나만의 별이 되어
사뿐사뿐 나의 심장에
너의 사랑을 수 놓아다오

그 사랑의 수가
나의 심장을 가득 채울 때
나는 너의 사랑을
한 올 한 올 별빛 쫓듯 따라 간다

내 사랑이 또한 너의 별에
수를 놓을 때
나는 너를 한 올마다
촘촘히 내 사랑을 수 놓는다

그리움

들려오는 노랫가락에
오늘도 너에게
나의 맘을 전해본다

그리움에 사무쳐
흥얼거리는 나는
소중히 간직한 보석과도 같은
농익은 가락 가락을 쏟아낸다

그 가락 속에서
나의 분신과도 같은 너에게
토해내는 혼을 부르는 소리라

수억 겁을 지나
조금씩 더딘 세월 속에서
불러낸다
나는 소리 없이 너를 부름이라

죽도록 불러도 소리 없음에
헤매다 쓰러져도

나는 너를 그리며
또다시 목 놓아 부른다

가슴 아린 달처럼 둥글게 부풀어버린
나의 가슴을 부여잡고 너를 잊을 수 없음에
적막한 밤에
나지막하게 들려온다

너를 그리는 노랫가락은
혹시라도 너에게 전해질까
안타까움에 노래는 점점 크게 울리고
커져가는 소리와 함께
나의 아린 마음도 다시 여물어진다

들리는가 나의 시린 마음이
들리는가 나의 꺼질 듯한 숨소리가
활활 타오르는 저 촛불처럼
나의 마음도 그리 타오르기를

타다가 꺼질 듯한 저 불꽃 속에서도
너의 사랑스런 얼굴은 언제나 살아있음을
내 맘은 꺼지지 않는 불꽃 되어
영원히 너를 태울 것이다

그대의 향기여

그리움에
눈물지는 사랑이라

나의 사랑 또한
눈물의 꽃이 피겠는가

바람결에 불어오는
그대의 향기여

어디에서 오시는가

누구인가

쿠릉 쿠르릉
화가 나서 바로 삼킬 듯이
어지러이 내리는 저 빗줄기 속에서
잠에 취한 듯 춤을 추는 이는 누구인가

사슴처럼 바람을 이고

가득하여라 사랑의 꽃향기가
마주하여라 사랑의 혼이
계속하여라 사랑의 속삭임을

개화하는 저 달빛이여
너는 어찌도 그리 그리움을 타느니
나를 보는 그리움 속에
너는 사슴처럼 바람을 이고

사이사이 피어나는 저 별빛처럼
너의 사랑은 나로 하여금
그리움에 사무쳐 울부짖게 하누나

그대와 함께

나 그대 따라 가리니
그대는 나를 곁에 둠이요

그대 나와 함께 하니
나는 두렵지 않음이라

돌아보아도 후회 되지 않을
그런 사랑을 나는 너에게 보내나니

그대 나를 쫓아
그 멀고도 험한 길을 떠나 봄이요

나 그대와 함께는
가시밭길이라도 가리니

너와 나 그렇게
늘 따스한 바람에 놓아보리다

창

창밖 너머로 보이는 달님과 함께
그대는 어느새 창가에 머문다

작은 창이라 들어오질 못 하는가
아니면 빠질듯하여 들어오질 못 하는가

그대를 위한 창이거늘
어찌 망설인다 말인가

창이 작다하나
그대를 위한 마음은 하해와 같고
빠진다한들
그대뿐인 맘인데 어찌 망설이는가
달님이여
내 맘을 훤히 비추어 주소서

그리하여 어찌 몰라 하는 내 님
내 마음속 깊이 영원히 머무르게 하소서

나는 너를

하늘거리는
옷깃 사이로
나는 너를 담는다

붓

네가 그리운 밤에
홀로 앉아 붓을 꺼내어 본다

설레는 나의 맘은
붓을 따라 한바탕 춤을 춘다

빠알간 먹물을 찍어
너를 닮은 어여쁜 홍화를 그리고

까아만 먹물 갈아입은 나는
나비처럼 날아
너에게 사알짝 입맞춤을 한다

붉게 물들어버린 나의 날개는
날갯짓을 잊고 너에게서 잠들어 버린다

빗방울

깊은 밤 나의 잠을 깨우는
빗방울 소리여
무엇을 그리 말하고자
한밤중에 울어댄다 말인가

설움에 복받쳐 우는 것인가
기쁨에 넘쳐 우는 것인가
모든 것을 떠내려 보낼 듯
울어대는 비님이여

꿈속에서라도 만나
그대 손을 잡아본다면
나는 이리 울지 않아도 될 것을

그리움에 사무쳐
나는 땅속으로 꺼질 듯
나의 눈물을 흘려 보내나니

푸욱 파인 땅만큼
나의 그리움도 더하여 가고

너의 마음속에도
내 사랑이 자리한다면
나는 울지 않고 이 밤을 보내려 한다

비님 되어 흘린 눈물
그리움만큼 쌓여지고
소리 없이 너의 맘을 파고든다

또르륵 또르륵
사랑가를 부르는 흥겨운 비님 되어
이제 잠에서 깨어난 너를 맞이한다

아이야

너를 두고 차마 가지 못하여 헤매다
너를 향해 빛나는 별이 된다

수많은 별들 중에
너만의 별을 쫓아 찾아오기를 갈망하면서

소리 내어 불러도 대답이 없고
애타게 빛을 내어도
너는 묵묵히 땅을 보는구나

가끔씩이라도 밤하늘에 떠 있는
나를 찾아준다면
나는 외롭지 않을 터인데

아이야
까만 하늘에 외로이 별 하나가 빛난다면
내가 너를 부르는 소리란다

기다리다 지쳐 빛이 사라지기전에
고개 들어 푸른 밤을 선사해주기를

너의 머리위에서 홀로 애태우는 나를
밤하늘을 총총히 빛나게 하기를

아이야
깊고 깊은 밤에 나는 너를 그리며
너의 이름으로 내 마음에 수 놓는다

날개

한껏 벌어진 꽃잎처럼
너의 날개는
쉼 없이 춤을 춘다

가느다란 두 팔을 벌려
눈 내리듯 사르르 내려앉는다

나의 따스한 손등에서
꽃처럼 어여쁜 날개 접고
너는 편안히 쉬려무나

이슬

꽃잎 사이로
방울 방울 맺히는
이슬이여

너는 숨도 쉬지 않고
사랑을 토해 내는구나

스치는 바람에도
춤을 추듯

아슬하니 꽃잎 끝에 앉아
줄을 타는
너는

새벽 이슬 맞고
힘겹게 날갯짓하는
나비 같아라

그렁그렁 맺힌 너의 눈물 속에서
나는 깊은 잠에서 깨어나
너를 닮은 꽃 한 송이
허공으로 날려 보낸다

달빛

문을 열어다오
달빛으로
너의 방문을 두드린다

깊고 깊은 달빛이
너의 마음 가득 불을 밝힌다

문을 열어
나는 너를 품에 안고
달빛으로 물든다

길

나는 너에게
나의 꽃이 되어 달라 했다

네가 사양하기도 전에
나는 이미 안겨 버렸다

나의 모든 것을

나는 후회하지 않고
두려움 없이 가고자 하니
따라와 주기를 바랄 뿐이라

가고자 하는 길에
걸림돌이 된다 하여도
나는 너의 곁을 지키고자 하니

뛰어가도 그 길이요
홀로 가도 그 길이요
둘이 가도 그 길이요

그러하니 너와 나
그렇게 따로 걷지 않고
뙤약볕 아래 깔끄러운 발밑
끝까지 함께 하면 어떠하리오

나에게로

아이야
왜 가려 하느냐

나는 너를 품으려 하는데
너는 어이 물러서느뇨

내가 널 어쩌지 못하는데
너는 나를 두려워하는구나

오려 무나 오려 무나
나에게로

다른 건 필요치 않다는데
어찌 홀로 그러느냐

아이야
너는 나를 품어야 하느니

어이 그리 물러서 있느냐
오너라오너라 나에게로

너와 나는
자그마한 해 끓는 곳으로
가야만 하느니

뜻

그리워한다고 그리워지겠는가
미워한다고 미워지겠는가

나의 그리움이 하늘에 닿아
원하고 원하는 것을 찾는다 하여도

서로의 뜻이 맞지 않는다면
그 어찌 이루어졌다고 하겠는가

언젠가는 네가 아닌 나를
내가 아닌 너를 맞이하여

허공 속에 스미는 꽃처럼
유리알 같은 너를
나는 죽어서도 그리워한다

그대 사랑은

피어나는 저 꽃들처럼
너와 나의 사랑은 춤을 춘다

바람을 타고 오는 향내처럼
그대 사랑은 내 코끝을 짜릿하게 한다

허공을 맴돌다 내리는 빗방울처럼
내 사랑은 그대 맘 속을 파고든다

서러움

너와 내가 만나 하나 됨을 원하고자
너의 뒤를 쫓아가나

그 무엇이 나에게서
너를 데려가는가

너의 설움과 나의 설움에
뚜루루 뚜루루 울어대는 저 두루미여

고고한 저 날갯짓에는
서러움이 가득이어라

설움에 나는 두루미여
나의 설움도 훌훌 날려 보내 주소서

남은 너의 설움은
나의 사랑으로 걷어 가리니

그대 나의 품에 안기어
저 따사로운 햇빛에 나의 사랑 품어 주소서

내 갈 길

내가 닿는다 해서
닿을 것인가
닿도록 놓아둘 것인가

하늘이여
나 지금 가고자 하니
내 갈 길 뚫어주소서

비록 내가 지금 가는 길이
당신과 뜻이 같지 아니하다 해도
그 길 뚫어주소서

언젠가 그 길 만나
너와 나의 길
같이 가는 그 길
또 다른 즐거움이 아닐는지

날개

사랑이여
나만의 사랑이여
피어오르소서
활활 타오르는
횃불처럼 그렇게
날아오르소서

회오리가 몰아치듯 그렇게
너의 자그마한 어깨에
나의 사랑날개 달아
한껏 올려 보낸다

그리운 너와 나의 구름 속으로

내 눈물

사랑을 줄 때는 뒷걸음치지 말고
그대로 오시길
집으로 올 때처럼 그렇게
편히 내게 오시길

취한 몸 이끌고 나에게 오실 때는
무언가 모를 아픔을 안고 있기에
어찌어찌하여 그 손엔
내 눈물이 가득하니 담겨 있는지

아 사랑이여
내 눈물과 당신의 눈물이
홍하를 이룸이니
두리 그 홍하
사랑으로 물들여

이 세상 떠나갈 때엔
그 사랑 그득하니 다 비우고 가소서

기다림

언제든 활짝 맞이할 수 있는
웃음을 머금고
나는 너를 기다린다

너의 힘이 부칠 때
나는 달려가 너를 안는다

홀로 외로이 앉아 기다리느니
너의 곁에서 문을 열고 있는다

사랑이 식었다한들
내 마음이 식었겠는가

피어난 꽃이 진들
꽃이 아니겠는가 말이다

보여 줄 것조차 없는 꽃이나
그래도 향기는 남아 있음에

그 향기 따라 나에게 올 수 있도록
죽을힘을 다해 나는 향기를 내뿜는다

아이야
향기가 사라지기전에
어서 그 향기안고 나에게로 오려무나

주문

그대 나에게
나비처럼 살포시 날아드는구나

희뿌연 연기처럼
홀로 춤을 추는 모습이
주문을
걸어 놓은 듯하구나

부드럽다 못해 부러질 듯한 날개는
어이 나의 맘을
사로잡았단 말인가

주문 속에 등불 하나
밝히어
춤을 또 추어 본다

꿈

아스라하게
오르면
그대는 어찌하라고
올라도 같이 오름이요
그대 없이 올라간들
그곳은 한낱
꿈일 뿐이라오

얼굴

그리운 그대의 얼굴을 그리며
잠이 드려 하오

내 그대의 잔에 드리운 사랑을
나는
내 입술로 맞이하는구나

사랑이 머물 때
나는
그 사랑을 내 품속 깊이 간직한다오

오구려 깊이 깊이
내 누구도 그 사랑 가지지 못하게
나만이 아는 곳으로
그 사랑
가져간다오

입술

그리운 그대 입술은 달콤함이요
달콤함은 그대 사랑이어라

내 입술
그대에게 포개어
달콤함에 빠져들어라

그리운 향기마저
바람결에 실려 오니
내 사랑 얹어 그대에게 보낸다

꽃피는 봄날

내 못난
인연되어
그대 앞에 서니
어찌 말 하리이까

곁에 있고 싶으나
있지 못하는
내 아픈 마음은
그대가 알 수 있을런지

그대 떠나가는가
떠나려는가
붙잡는 것조차 미안하구려

내 눈물 받아주는
그대 없이는
나는 어이 지내야 할런지

그대 꽃피는 봄날
나를 불러 준다면
나 그대 향기 따라 피어나리다

봄바람

추운 겨울지나
봄이 오니
내 맘 가득 꽃망울지네

봄바람에 부풀어 올라
터질 듯 터질 듯
내 맘 또한 그렇다오

벌 나비되어
그대에게 날아가
부드러운 꽃잎에 숨고 싶어라

봄비야

아주 가녀린 비가 내린다
따스한 봄바람에
비는 흔적 없이 사라진다

사라진
봄비는
내 맘을 소소히 적신다

봄비야
내리려거든
하염없이 내리는 비 되어
아픈 내 맘 사라지게 해 다오

불안

그대는 어이 나를 놓지 못하는가
나는 저 세상 밖으로 나가려 하는데
무엇이 불안하여
그 사랑 놓지 못하는가

아
나의 사랑은 가슴 아파
나를 내놓지 않는구나
사랑아 내 사랑아
걱정 마시구려

세상 속에 빠지기 보다는
나는 그대 사랑 속에 이미 빠져 있음이니
아무 걱정 말고 그대
나를 바람결에 찬찬히 놓아 보시구려

등불

또 다른 이를 만나
너와 내가 하나 되어

작은 세상을 꿈꾸며
희미한 등불을 밝히려 한다

그 등불 속에는
꺼지지 않는 너의 희망과
뜨거운 나의 열정이 타고 있음이라

서서히 밝아오는 등불이
너와 나에게는 더없는 사랑이라

너를 만나 세상의 등불을 밝히듯
나는 너로 인해 나의 삶을 태운다

그대여

사랑에 울고
사랑에 웃는 그대여

그 아픔 묻어 두지 말고
나의 넓은 가슴에 기대어
먼지 털듯 툭툭 털어내려무나

살랑살랑 내리는 봄비에
남은 아픔마저 씻어 내려무나

그러고 나면
촉촉이 젖은 그리움을 향해
나는 숨 막히듯
너의 사랑 쫓아 달려간다오

자국

처마 끝에 떨어지는
굵다란 빗방울이여
패이고 패인 그 자국 따라
내 마음 깊이 새겨지는
그대 사랑이여

언젠가 빗방울은 그칠지라도
내 맘 뚫고 온 그대 사랑은
지워질 줄 모르는구나

차곡차곡 채워지는 빗방울마다
그대 사랑은 가득 차니
나는 그대 사랑 따라 빗방울 되어
그대 가슴을 두드린다

2부
만남

끈

나의 소리를 토해낼 때
나는 너를 그리며

너를 그릴 때
나는 춤을 춘다

멀리 멀리 퍼져
너를 고이 드리운다

해를 넘어 또다시
외로움에 젖어드니

바람 같은 저 끈은
어디로 향하는지

아이야
꽃이 피거든 제일 먼저
나에게로 오려무나

오른손에 주홍빛깔
자그마한 꽃을 들고

왼손에는 그리움을 들고
얼굴 가득 홍화로 물들이려무나

짝

나는 아름답다
그러나 너는
더 아름답다

갓 태어난 새가
힘겹게 날갯짓하며
하늘을 날아오르듯

갓 피어난 꽃 한 송이가
자신의 향기를
바람결에 실어 보내듯

나의 숨 막힌 사랑이
너의 가슴속에서 뿜어 나와
아름다운 너를 만나고자 하니

이 아름다운 세상
나와 함께 짝을 이뤄
땅 위를 걸어 보자구나

그 걸음마다
나는 너를 고이 고이
발등에 올려놓아 봄이라

춤

나의 사랑이
파릇파릇 깨어나서
홀로 춤을 추는구나

허공 속에 비친 너의 모습이
나는 애처로워
너에게 혼을 다해 달려간다

아이야
춤은 함께 추는 거란다

홀로 추는 춤은
고혹적이나
외롭기 그지 없으니

너와 나
이렇게 두리 만나
한없이 긴 세월을 춤추고 또 추며
맺혔던 사랑 토해 내지 않으련

눈망울

너의 몸짓 하나하나에
나의 사랑은 움트고

너의 말 한마디에
내 사랑은 싹 튼다

그 사랑 속에서 나는 그려 본다
저 멀리에서 나를 찾는 너의 눈망울을

촉촉이 젖은 눈망울은
새벽 이슬보다도 영롱하구나

아이야
나는 그 눈망울 속에서
너로 인해 깨어나
저 푸르른 세상을 바라다본다

너는 나의 꽃이 되어

사랑에 목말라 울먹이다
곱디고운
너를 따라 흘러 흘러간다

주단 같은
사랑을 하고 싶다

첫사랑 같은 그리움과
종기 같은 아리한 그런 사랑이
지금 나에게는 함께 한다

못 다한 사랑이
아쉬움에 갈수록
집요하게 쫓아간다

다시 돌아 나에게로 온다면
나는
꽃처럼 어여쁜 너를
쏙쏙 내 맘 깊이 감추고
다시는

내놓지 않을 것이다

홍발을 쳐서라도
띄지 않게 해 봄이라

더는 놓치고 나서는
서러움과
힘들어하지 않음이라

이쁜 홍화야
이제 짝을 이뤄
그 속에서 너와 내가
끝이 없는 동안 춤을 추리라

너울너울 추면서
고리 고리마다 사랑 엮어
다시는 홀로 애태우지 않으려 한다

타고 있는 내 마음을
이제는 보슬보슬 내리는 비처럼

너와 함께
차곡차곡
씻어 내려 한다

씻겨가는 그 맘속에
더는
애태움이
사라졌으면 좋겠다

홍화야
그 맘이 사라지고 나면
붉디붉은 너의 맘으로
다시 나를 채워줬으면 한다

기다림에 지쳐 쓰러지지 않도록
너는
나에게로 오려무나

어서 너는 나에게로 와서
함께 꽃같이 아름다운 사랑을
하여 보자구나
터트려 보자구나
너의 그 봉우리를

이제 너는 나의 꽃이 되어
나의 가슴 깊이
너의 피어나는 아름다운 꽃을
한가득 뿌려 주려무나

연문(戀文)

연문을 보내어
나의 맘을 전하여 본다
어디에 있든
나의 사랑이라
나는 기다리고 있다 네가 오기를

하얀 종이위에
나의 맘을 가득 담아
또다시 보내어 본다
소리 없이
전하여지는 내 사랑을
너는 알고 있는지

외쳐도 돌아보지 않는 너를
나는 언젠가 돌아볼
너를 위해
목이 터져라 또 소리쳐 본다

눈물 되어 쓰러지기 전에
돌아서 오기를

홀로 가슴잡고
꽃 같은
너를 기다린다

내리는 눈

아이야
내게 오렴
살포시

내리는 눈 사이마다
아롱대는 너를
어깨마다 한 아름 꽃을 얹고 기다린다
그 꽃이 시들기 전에 내게 오려무나

촉촉이 젖은 어깨를
너에게 내밀기보다
너를 닮은 솜털처럼
하이얀 꽃을 주고 싶다

아이야
변치 않는 솜털 되어
내 어깨에 살포시 내려 앉아
꽃을 피워 보려무나

내 꽃

산천에 흐드러지게 핀
온갖 꽃들이여
아무리 잘났다하여도
내 꽃만
하겠는가

이 꽃 저 꽃 둘러보아도
내 꽃 하나
탐스럽게 피어있구나

오호
나의 탐스런 꽃이여
너의 그 뽀얀 입술로
온 산천을 물들이는구나

나를 위하여

가만히 숨죽여
너의 가녀린 꽃잎을
손등에 올려 본다

뜨거운 나의 손길에
너는 나긋나긋
나의 마음을 타고
흘러가듯
사랑을 토해 내는구나

땀방울이 맺혀
꽃잎이 젖더라도
너는 나를 위해
변함없이 씨를 뿌려다오

꿈속에서

한해가 저물어감에
내 사랑도 철이 들어
나의 꽃을 이제 피우려 하네

저 많은 꽃 중에
함지박만한 꽃을 들고
나를 반기는 나의 사랑아

웃음 속에 가득 찬 향기는
나도 모르게 잠들게 하고
잠든 나는 너의 웃음소리에
다시 깨어나니

너의 향기에 취해 나는 꿈속을 헤매다
너의 넘치는 사랑에
또다시 깨어난다

너는 누구

노오란 꽃 봉우리 속에
하얗게 봉긋이 솟은
너는 누구냐

솔솔 부는 봄바람과도 같이
너를 간질이는
그것은 무엇이더냐

흐릿한 나를 뚫고 지나가는
빠른 그것은
너를 바람과 함께
저 높은 하늘로
데려다 주는구나

아이야
가끔씩 빗줄기타고
나의 가슴을 적셔 준다면
나는 숨어 울지 않고
훗날 너와 함께 피울
노오란 봉우리를
쓰다듬는다

동동동

툭 툭 투 툭
내리는 비 소리에
잠 못 이루며
그 소리와 함께 춤춘다

내려앉는 그 자리 자리마다
꽃을 뿌려 본다

지기 서린 꽃 봉우리를
조심스레 터트려 본다

툭 툭 빗방울 방울에
동그란 홍화를 떨어뜨리니
홍화비로
세상이 벌겋게 물듦이라

내리는 방울방울
나의 바람을 속삭여 본다

어디에서든
그 방울진 나의 바램을 놓아 보면
저 무심한 빗방울은 흔들림 없이 내려앉고

밤 깊도록
춤을 추는 나는
너를 반기며 돌고 돈다

이 춤이 언제 끝이 나려나

뜨겁도록 내려앉는 자리마다
나는
너를 얹어 본다

홍화야 홍화야
동 동 동 홍화야

나의 소리 없는 홍화야
자 이제 춤을 추어 보자구나

생을 다할 때까지
홍화는 피어나
따스한 춤을 추어라

빗소리 소리마다
너의 춤을 추어 보려무나

나는 너의 춤을 품에 안고
이제 내려앉는다

하하

하하
나는 즐겁소
언제나 즐겁소
날아갈듯 즐겁소
당신이 있어
나는 한없이 즐겁소
넘칠 듯한 당신의 사랑에
나는 또다시 죽어도
여한이 없소

그 자리

돌아가도 그 자리인데
왜 돌아가오
그냥 그냥 그 자리에
머물면 될 것을
집이라 생각하오
여기 이 자리가

그러다 보면 나와 함께
저 반짝이는 별들을 이불삼아
별 하나 하나에
너와 나의 사랑을 노래하리니

별 하나에
너를 닮은 꽃을 심고
또 별 하나에
나를 닮은 그대를 그리니

수많은 별들을 노래하다 보면
사랑이 다할지라도
너와 나의 별은 내 사랑 속에서
사라지지 않을 것이라

허공

휘 릭 휘 리릭
탁 탁 펄럭이며
허공을 가르는 저 소리는
무엇인고

네가 가고자 하는 곳은
어디이며
네가 하고자 하는 것은
무엇이더냐

뜻 모를 구름은
뭉게뭉게 피어오르고
꽃잎은 바람을 타고 노니는구나

나의 동아

동아 동아 나의 동아
내내 그리움에 사무쳐
너를 그린다

나의 사랑이 못내 아쉬워
너는 나를 두고
멀리 멀리 가려하나

그러지 말고
빗소리에
놀아 보자구나

놀다 보면
나의 사랑이 그리워 발길을 돌려
내 품에 안겨 사랑노래 부르며
잠에 빠지지 않으련

마음

소록 소르륵
내리는
그 빗방울을
벗 삼아
하염없이 노닐고 싶은
이내 마음은

미소

그대는
나를 보면
함박 웃음을 보내는구나

꿈속에서도 보낼 그 미소를
양손에 잡고
잠을 들지 못하는구나

풍월

사랑아
풍월에 가는 내 사랑아
홀씨 되어 저 멀리 떠나가는구나

노닐다 보면
내 품이 그리워질 듯도 한데
그렇게 떠나 있으면
나는 또다시 너를 잡기 위해
소리 없이 헤매는구나

외로이 또 긴긴밤을
어이 보낼 고 하니
주르륵
어디선가 한줄기 빗물이
내 심장을 타고 내리는구나

수(秀)

별이
밤하늘을
수놓는 이유는
너를
부르기 위해서이다

등각(等覺)

내가 앉은 자리는
너의 자리이거늘
너는 어찌 그리 무심하게
박차 버리고 가려하느냐

돌아 보거라
너의 뒤를 돌아 보거라
무심하지 말고 등각을 하여라

너의 그리움을 내가 안아
꽃의 나비처럼 나는 너를
들꽃 같은 사랑으로 안으리니

3부
부탁

아장 아장

아장아장
발을 떼어
나에게로 오는구나

한발 한발
내밀 때마다
너는 쓰러지지 않고
용케도 다가오는구나

아가야
힘든 걸음이지만
너는 나의 사랑을 먹고
힘을 내어
꽃을 피워 보려무나

그 꽃이 여물어
뜨거운 향기가 나를 감싸고
너는 그 향기와 함께
나의 품에 안겨
곤히 잠드는구나

그 뿐이오

나는 세상의 것을
몰라
못 가오

당신이
내 있는 곳을 안다면
당장 오시오

내 가진 것 부족하나
내 당신껜
다 드리오리다

사랑 탓 마오
그 사랑
지나가면 그 뿐이오

뫼

저 산은
어느 뫼요
높고 낮음을 떠나
나의 가려진 꿈속에서 노니는
그 산은
어디로 가야만 하는가

누구

내 맘 달래려
여기 저기 헤매이더이다

내 사랑 누군지 모르며
또 헤매이더이다

아 아
나는 누구인 줄 모르나
너는 나인 줄 아는구나

내 사랑을 몰라보는
나는
바보 천치인가 보오

둥지

홍화는
어디로 가느냐

짝을 잃은 기러기처럼
헤매지 말고
저기 둥지 위로 날아오르렴

너를 위한 꽃밭이
마음에 들지 않더라도
꽃을 피워 보려무나

둥지 위로 날아오르는 저 새들처럼
나의 홍화는
붉게 붉게 피어 오르려무나

짝 잃은 기러기가
짝을 찾아 사랑 나누듯
홍화는
나의 꽃밭에서
향기를 뿜어 보려무나

망부석

저 만치서
바라보는 그대여
갈 길 가소서
푸르른 날에 꽃이 피면
그때 다시 보소서

그 높은 바위 위에 올라앉아
불어오는 차디찬 바람에
싸늘히 몸이 식듯
내 마음도 식어버리니
간직하고자 하던 그 마음
놓아지더이다

얼어붙듯 망부석 되어
일렁이는 바람에
나는 잠시 몸을 맡겨
나의 사랑을
바람결에 날려 보냈더이다

숱한 바람이 불어도
날려 보낼 사랑마저 없으니
이제는 부는 바람을
정겨운 친구삼아
꽃 피우려 떠나 봅니다

나를 두고

곱디고운
내 사랑아
어이 너는 나를 두고 그리 가느냐

홍화야

홍화야 홍화야 나의 홍화야
너는 어디에서 꽃을 피우려 하느냐
나를 두고 저 멀리 가려 하는가

나는 간밤에도 너를 기다리느라
하얗게 지샜건만
너는 어이 자꾸 멀리 가려고 하느냐
돌고 돌고 도는 길에
가슴 가득 너를 위해
꽃을 들고 기다려 본다

서러움도 잠시 잊고
미움도 잊고
부끄러움에 고개 숙인다

고개 들어 가슴에 안긴
꽃의 향내를 맡으며
내 가슴속에 너의 향기를 그려 본다

조그맣게 물들이다

어느새 온통 나의 가슴은
너의 향기로 불타오른다

홍화야 나의 홍화야
멀리 가지 말고
내 가슴속에 꽃을 피워라

오늘도 애타게 너를 기다리는 나는
저 멀리에도
붉디붉은 나의 마음으로 물들여본다

나의 애끓는 마음이 들린다면
너는 돌아와
나의 품에 안겨 주었으면 좋으련만

따스한 내 품에서
너의 향기를 마음껏 뿌려보는 것도
돌다보면 채워지지 않는
무언가를 나의 품안에서
찾아보았으면 한다

촘촘히 너를 품에 안고
나는 터질 듯한 나의 가슴을
바람결에 실어 보낸다

소망

파드득 파드득
너의 날갯짓에
움츠렸던 나의 소망을 펼쳐 본다

저 쪽빛 하늘위로 날아올라
날갯짓 할 때마다
하늘에 푸름은 더해져가고

나의 소망은
쪽빛으로 차츰 물들어가니
온통 쪽빛세상
아니
나의 세상이구나

나의 신부

사랑아 내 사랑아
나는 홀로 밤하늘을 벗 삼아
오늘도 너를 기다린다

호르륵 호르륵
곱게 차려 입고 강가에 앉아
풀피리 불던 나의 신부

봉숭아 물들인 그 손에 들린
한줄기 풀잎은
나를 애타게 부르는구나

어느새 가늘어진 풀피리 소리여
너의 고운 소리에
내 맘은 풀잎 위에 이슬 되어 너를 반기나니

내 작은 신부여
다시 돌아와
나만의 풀피리를 불어다오

너를 기다리며 나는
뜨거운 바람을 보낸다
스쳐 지나가는 나의 향기를 너는 알지니

불어다오 바람아
내 신부 떠나가기 전에
애타는 내 사랑 전해다오

별이 되어

나는 너에게 무엇이더냐
나만의 별이 되어 달라는 나의 바램이
너를 짓누르고자 함은 아니요

나또한 너만의 별이 되고자
날갯짓을 멈추고
너를 향해 가고만 있을 뿐이요

사뿐 사뿐 날갯짓 속에
총총거리는 너를 와락 품고서
나는 너와 나만의 별을 향해
다시
힘찬 날갯짓을 한다

혼

들려오는 노랫가락에
오늘도 너에게
나의 맘을 전해 본다

그리움에 사무쳐 흥얼거리는 나는
소중히 간직한 보석과도 같은
농익은 가락 가락을 쏟아낸다

그 가락 속에서
나의 분신과도 같은 너에게
토해 내는 혼을 부르는 소리라

수억 겁을 지나
조금씩 더딘 세월 속에서 불러낸다
나는 소리 없이 너를 부름이라

죽도록 불러도 소리 없음에
헤매다 쓰러져도 나는 너를 그리며
또다시 목 놓아 부른다

가슴 아린 달처럼
둥글게 부풀어버린
나의 가슴을 부여잡고 너를 잊을 수 없음에

적막한
밤에
나지막하게 들려온다

너를 그리는 노랫가락은
혹시라도 너에게 전해질까
안타까움에 노래는 점점 크게 울리고
커져가는 소리와 함께
나의 아린 마음도 다시 여물어진다

들리는가
나의 시린 마음이
들리는가
나의 꺼질 듯한 숨소리가

활활 타오르는 저 촛불처럼
나의 마음도 그리 타오르기를

타다가 꺼질 듯한 저 불꽃 속에서도
너의 사랑스런 얼굴은 언제나 살아있음을

내 맘은 꺼지지 않는 불꽃 되어
영원히 너를 태울 것이다

쪽빛

쪽빛에 물든 나의 반쪽
그 빛에 안길수록 향기는 짙어가고

하늘거리는 천사이로
곳곳에 쪽빛 향기 가득이어라

나풀거리는 쪽빛 사이로
어느새 하늘은 하나 되어
바람결에 손짓한다

그 손짓에 너와 나는
쪽빛 그림자 되어 노닌다

미소

촘촘히 박힌
너의 환한 미소에
나는 날이 새도록
흥에 겨워 꽃을 들고
속없이 뛰어 본다

너는 나의 따스한 마음 깊숙이 빠져
함께 춤을 추어 보자구나

날이 밝아옴에
나만의 별이 되어
내 가슴에 박힌 너를
나는 뜨거운 사랑으로
죽을 때까지 소리 없이 춤을 춘다

어둠속에서

토닥토닥
이쁜 별아
달님과 함께 담 너머로
소리 없이 다가오는구나

짙은 어둠속에서
너는 나를 위해
홀로 꼭꼭 숨어들어
나와 함께 깊은 밤을 느끼는구나

홀로 지새는 밤을 너로 인해
나는 즐거이 긴긴밤을 노래한다

금자동에
휘날리는 그 마음을
동동 띄워 보낸다

동아 동아
꼭꼭 숨어라

시린 겨울 나의 품에 안겨
알알이 박힌 너의 꽃씨를
하나 하나 내 가슴속에 심어 본다

4부
공부

그대 마음

깎아지른 듯 곧게 서 있구나
소리 없이 달을 움직이는 그대
머물다가 보내세나

뾰족한 날로는 아이를 다룰 수 없다네
꽃 다루듯
쓰다듬게나

초롱이는 눈망울에 눈물 고이면
그대 마음도 아플 터인데
따듯이 감싸게나
그대의 마음도 따스해졌으면 하네

이치(理致)

사람이 살다보면
무수히
많은 일들이 일어난다
서로를 죽이고 죽이는
살벌한 경쟁 속에서
살아남는 것이
얼마나 치열하고
때론 졸렬할 수도 있다는 것을
알아야 한다
누군가가 휘두르는
무언의 폭력 속에서
그것을 피하면서 빠져나오는 것은
힘이 들 수도 있으나
현명히 판단한다면
쉽게도 나올 수 있음이라
보이지 않게 작용하는
그 무언가가
나를 움직이게 만든다면
다시 한번 힘을 내어
확인해 볼 필요가 있다

신을 가진 자라
그 신 또한 인간의 마음인 것을
또 하나의 나를 만나 노니는 것을
왜 모르나
잘 생각하고 판단하여라
내가 누구이며
나는 누구이며
너는 누구이며
그리 묻는 이는 누구이며
답 하려는 이는
또 누구인가
알 수 있겠는가
판단할 수 있겠는가
세상이치를 안다는 것이
그리 녹녹하지는 않을 것인데
두 다리 벌려 내딛는다는 것이
누구를 위함이더냐
순리대로 가야하는 것이
인생사 이치이거늘
한발로 뛰어본들

두발로 걷는 것보다 빠르겠는가
가야하는 것은 가야 하고
보낼 것은 보내어야 하고
남아야 할 것은 남아야 할진데
어째 이리 뒤바뀜이리오
어차피 가는 인생
죽어라고 잡아 본들 잡지 못하고
허망함에 눈물짓기보다
때론 눈물을 가까이 함이
내 가는 인생을
고이 보낼 수 있음이라
그 가는 인생에
허망함이 얹어진들
나는 홀씨처럼 가뿐히
날아갈 것이리라

오만(傲慢)

가졌다는 생각이
자신을 오만하게 만드는 것 중의 하나이다
진실로 가졌는지는
본인조차 알 수 없는데도 말이다

디딤돌

그 인연들
내가 디디고 가야 할 디딤돌이거늘
튼튼한 디딤돌은 두 발 모아 힘껏 쉬고
약한 것들은 껑충껑충 뛰어야 하고
어떤 디딤돌이 될지는 아무도 모른다
다만 내딛는 내 발만이 알 뿐인데
어떤 디딤돌을 짚느냐는
과연 어떠한 것이 판단하리오

순간

마음을 열어 주어야
사랑도 커지는 것처럼
생각이 많으면 굳어지는 법이니
일순간이라도
문을 열어 놓아야 한다

운명

사람들은 본인의 운명을
궁금해 한다
그러나 그 누구도 운명을
정확히 알진 못한다

운명이란 보이지 않는 끈을
잡고 가는 것과도 같다

그렇기에 그 끈을
놓칠 수도 있고
또 잘못 잡을 수도 있다

우리에게 놓여진
그 끈이 얼마나 선명하냐에 따라
본인의 임무
즉 운명이 좌지우지 되지 않나

끈이 보이지 않기에
나의 전부를 알지 못하듯
내 임무 또한 알기 어려우며

내 임무를 안다고 한들
다 완수하고 갈 수 있는 지를
판단하기에는
많은 어려움이 있음에

그 끈을 선명하게 만드는 것이
나를 맑히다 보면
최선을 다 하다 보면
언젠가 그 끈이 조금씩 보이지 않을까

선명하진 않더라도
어렴풋이 보이기만 하여도
그때는 한결 쉽지 않겠나

내 가진 끈 따라 가는 것이
운명이라면
나는 선명하게 끈을 만들어
나의 임무를 충실히 완수하고 싶다

어느 누구도 일러주지 않는
보이지 않는 그 끈을 따라
끈을 잡으려 애쓰기보다

하루 하루
나의 끈을 튼튼하게 선명하게
스스로 만들어 봄은 어떨지

여울처럼 그렇게
소통하며 거스르지 않으며
멈추지 않고 흘러가야 하느니

비움과 버림의 미학

버린다거나 비운다는 것보다는
무언가를 하고자할 때
계산을 하기보다는
주어진 상황 상황에 따라
그냥 받아들이는 것이
오히려 덜 잃는 것임을
사람들은 잘 모른다
비움과 버림의 미학
채움의 미학
말은 좋다 만은
실제에서 내 자신이
얼마나 다가갈 수 있느냐가
행하느냐가 문제인지라
꼭 버리고 비우는 것만이
능사는 아닌지라
그리고 원을 할 때도 그렇다
내가 가진 것을 활용해서
구하고자 하여야지
없는 것을 바라여서는 아니 된다
그 없음을 원망하거나 한탄하다 보면

내 자신만 자학하게 되기 싫다
내 가진 것이 얼마나 무한한데
그 없는 것을 바라다 세월 보냄인가
나의 존재성과 가치성을 밝히는 게
값진 인생을 사는 것임을 알아야 한다
얼마나 드러나는지는
본인하기에 따르는 것이니
순간 순간의 밝힘이
오래도록 지속되도록 하는 것이
자신이 해야 할 일이자
수행이라고도 할 수 있다

미련

이 세상 뭔 미련이 남아
그리도 헤맨단 말인가
다 한낱 꿈에 불과한 것을

내 귀한 아이 초롱한 눈망울에
눈물 흘리게 만드는 이 세상
참으로 통탄할 일이로다

아이야
그리 힘들거들랑
잠시 훌훌 털어내고
홀씨 되어 보려 무나

홀씨가 자리 찾아 꽃을 피울 적에는
아름다운 향기도 함께 뿜어야 한다는 걸
잊으면 아니 된다

명심하여라
바람결에 흘러가는 저 홀씨를
이 몸이 바람 되어 지켜주마

곱디고운 내 아가야
잠시만 홀씨 되어 보자구나
너의 꽃을 기다리는 이도 있으니

향기로운 세상에
너의 사랑이 필요하니
아주 잠시만 바람결에 노닐어 보자구나

공부

이제 알겠느냐
왜 그리 공부시킨 것인지를
눈물 흘리지 마라
삼위일체라 하여도 내가 바로 서지 못하면
아무리 옆에서 도와준들
그 사람의 한낱 도구에 불과하다
네가 가야하는 길에
의지한다는 것은
하나의 걸림돌과 같은 것
때에 따라 도와가는 것은 괜찮으나
기대어 버리면 내 스스로의 힘이
소진되는 것과 같은 이치라
도를 닦는다는 것이
뼈를 깎는 아픔이 있다하나
피와 눈물 또한 동반 하느니라
내 스스로의 힘이 없다면
그것은 도라 일컫지 못하며
누구에게 얹혀간다는 것은 어불성설이다
무엇이든 스스로 하여야 한다 누가 도와주는 것은
없다

약해지지마라
그러면 탁한 기운도 오게 마련이다
힘들어도 꿋꿋하게 지내야 하는 게
이 길을 가는 이들에게 필요함이니라
쉽지 않은 길이니만큼 늘 신경 써야 하느니
교만하지 않게
자만하지 않도록 하여야 하는 것이 첫 번째라
사람이 사는데 있어
나를 상대에게 낮춘다는 것이
부족하여 그런 것이 아니라
서로를 이해하기 위함임을
알아야 한다
하나하나 터득하여 보아라
이제 시작이다
나를 먼저 보아야 한다
그래야 다른 이도 보게 되는 것이다
전보다 더 강해져야만 하니
눈물 흘리지 말고
더욱 유연하게 움직여야 할 것이다
기의 흐름을 좀더 깊이 보아라

그래야 너의 깊이도 볼 것이다
수승은 너의 몫이지
다른 이의 도움은 필요 없다는 것을 꼭 명심하여라
가는 길에 힘이 든다 하여도
꽃을 피우려면 자리에 앉아야지
떠도는 것은 바보 같은 일임을 알아야 한다
열심히 하여 보거라

지혜

자비의 마음으로
지혜를 보아야 한다
인간의 마음이 아닌
부처의 마음으로 대해야 한다
그래야 모든 이들을 안을 수 있다

아직은 멀고도 멀기에
그런 마음으로 하라는 것이다
잊지 말고 명심하여야 한다

부드러운 듯 강하게
강한 듯 부드럽게
흘러야 한다

일을 할 때도
그렇게 휘몰아쳐야 한다

애욕

상처 받지 말고 떨쳐 버려라
그러다 보면 자연적으로
애욕이 사라질 것이니
내 것에 대한 미움도 원망도 없어지고
나의 길을 향해 매진하다 보면
언젠가는 이룰 것이니
애욕을 버림이 중요함을 잊지 마라

내 것은 정해진 것이 없으니
흐르는 대로 흘러가다 보면
언젠가 모이는 곳이 있으니
거기서 나의 힘을 놓아야 한다

내 것이란 마음하나 잘 닦는 거 밖에 없다
그러니 그 마음 찾아 떠나보지 않으련

저기 저기 너를 부르는 마음은
맑고 맑음이라
어디에도 물들지 않고
너만 바라보는 그놈에게

사랑을 주어라
그러다 보면 그 사랑이 커져
빛을 발할 때
비로소 그 사랑이 일치할 것이다

어느 한순간이라도
그 사랑이 변하지 않게
늘 신경 써서 챙겨야 한다

청사초롱

나의 바람 또한
마음이 놓아지는 것인데
가까이하는 이가 방울을 흔드니 번잡할 뿐이라

꽃을 보여 주는 것은
나를 귀하게 여기라는 것이라

나를 얽어매는 것이 아니라
가치를 알아주는 곳에서
향기를 뿜어내라는 것이라

더 넓은 곳에서 벗을 삼아
새로운 씨를 퍼트리고 싶다

꽃을 주는 이유를 생각하여 본다면
나에게 꽃이 되어 달라는 것이다

학문에 뜻을 두고 그 꽃이 만개될 때
깊은 향이 우러나올 것이며

낮이 기울면 밤이 깊어지듯
보다 깊은 학문을 만들어 가라는 것이다

몸소 꽃을 들고 옴은
청사초롱이라

보는 몇 날 며칠
날이 가는 동안 향을 피울진대
그 향이 못내 소슬하니

나는 너를 놓아줄 수 없음에
그 꽃을 들고 하염없이
너를 기다리고 있을 따름이요

그 꽃을 받아주는 그날까지
향이 사라지지 않게
수술을 다물고 있는 것이란다

네가 맘을 열고 받기를 바라고
농익은 향이 날 때까지

마무리를 하고 싶을 뿐

널리 퍼지고 또 퍼져
온 세상이 그 향으로 그득하기를 바라는
나의 깊은 속내를 알아주기를

별이 떨어지는 것은
빛이 사라지는 것이 아니라
진심이 없이 행하는 이유에서 그러하니

쉴 새 없이 떨어지는 별을 보고 있노라면
붙잡기보다는
진실로 빛을 밝히는
아주 작은 별 하나를 향해
내가 가진 꽃을 들고
그 별을 향기로 더 밝히려고 한다

과연 그 꽃을 받아줄 수 있겠는지

사람이 살아가면서 저마다의 향을 피우고자하나

꽃을 피워야 향기를 내뿜듯

신 또한 꽃이어야 향기를 전해줄 수 있으며
꽃의 주인이 꽃을 사랑하는 마음이 있어야 하듯

향기를 맡는 사람 또한
그 향을 제대로 맡을 수 있는
마음을 가져야 하느니

나의 꽃을 받는 이는
이러한 것을 아는 이가 되어야 함에

그 꽃의 수술을 열 수 있는 너를
귀하게 오기를 기다리고 있다

못내 그리움을 향기로 달래니
그 향을 같이 맡고자
나는 또 하염없이 기다리고 있을 뿐이란다

부탁

동아
화를 풀어라
서로 다른 성격이 부딪치고 하여도
신의 얼굴은 그것이 아니다

홀로는 힘이 드니
도와가며 이루라는 것인데
저만 내세우는 것은
앞으로의 일에는
많은 걸림돌이 되니
위로와 격려를 하여 다오

합의된 사항은 아직 남아 있으니
정성껏 돌보길 바란다
요구사항이 마음에 들지 않겠지만
원하는 일이 깔끔하게
마무리되게 하여 다오

항아리(계율과 세월) 속에 감추어둔
우리 아가 항상 보살펴 달라고

공부를 가치 있게 하며
바로 설 수 있도록
등불이 되어줬으면 하는데
그리 힘이 드는가

또한 밖에 원혼들 보내 달라고 하는데
어찌 매정하게 하노
가고자하는 이는 보내줘야 하지 않는가

동아
너는 심성이 고운 아이다
오로지 한 길만 보는
하지만 앞으로는 더 강해져야만 하느니

억센 강함이 아니라
풀잎 같은 강함이 되어야 견뎌내나니
그 풀잎 같은 마음으로
바람을 견디듯 세월을 보내어라

동아
서운해 말고 보듬어 주기를 바란다
한길 한길 또 한길
그 갈레길 속에서 갈리지 말고
항상 곧은 마음으로
바람을 맞이하여라

극락암에서

하는 일에 책임의식을 가지고 일을 하며
의심을 가지지 마라

바른길은 답답하겠지만
그래도 올곧게 가야 한다
누가 뭐라 해도
결국은 정이 이기는 것이다

욕심 내지 말고
통찰력 있게
틀림없이 이겨 내어야 한다

앞으로의 길은 용서의 길이니
그래야 끝없는 자비가 있다
교만하지 말고 청정하게
자신이 없으면
빗장을 걸어 잠그고
자신이 있을 때 열어 자유자재하라
마음 닫는 이는 누구며
마음 여는 이는 또 누구인가

기도

기도를 함에 있어 누군가의 간절함을 통해
홀로 깨치는 것을
우리는 성불이라 한다

하지만 그 성불이라 함은
나의 본성이 합을 향해 가는 것인데

그 본성이란
나의 몸과 마음이 하나 되어 봄을 일컬어 말한다

누가 뼈를 깎는 아픔을 통해
이루어진 그것을
감히 아무 곳에나
성불이라 일컫는다 말인가

나는 뼈를 깎고
너는 뼈를 이어 붙여
무너진 나의 몸과 마음을 이어 감이라
그 이어짐 속에서
나는 너에게 마음을 다해 갈 것이라

버리지 마라

삐뚤어진 뼈를 바르게 이어 붙여야 오래 갈 것인데
보여 진 것이 나의 모든 것이 아님을 왜 모르는가

내가 이어야 할 내 뼈를
네가 이어주는데
멀리 가버리려 하는 것은

나를 버리지 마라

나는 너에게 가기위해
나머지 것을 버렸는데
어찌 매정하게 가려하나

난 홀로 있음을

내 몸을 어찌하고 간다 말인가
서늘한 너의 마음을 어찌 돌릴 수 있으리

수많은 시간을
나는 어떻게 견딘단 말인가

하얗게 지새버린 밤과 낮을
나는 또 어떻게 가야 한단 말인가

이제는 소리 없이 우는 너를 보고 있노라면
나의 마음이 하늘하늘 갈라짐을

그 혼란 속에서
너는 힘이 들겠지만
어떻게 나만 놓아두고 간다는 말인가

뜰 앞에 놓여진 저 낙엽도
몸을 가누지 못하는데
너의 마음은
어떻게 나에게로 오게 할 수 있는지

쓸려가는 저 낙엽 속에
나의 마음은 서서히 꺼져가고

묻혀진 나의 마음을
꺼내 주지 않으려는지

홍발을 쳐서
너의 마음을 감추지 말고
나에게로 와서 공부를 하자구나

너의 이름을 곁에 두고 두고 가자
그러다보면 통하는 길이 있을 것이니

참고 있어 주면 안 되겠는지
어찌 나를 두고 간다고 그러는지
할 수 있다면 정들었던 여기를
떠나 봄도 괜찮은데

함께 돌아 돌아서
찾아보지 않으련

다른 이들이 뭐라고 하든
나는 너만을 기다리고 있을 뿐이란다

기(起)승(承)전(傳)결(結)

오선은 일곱이다

즉 오행이 변해서
늦게 모형이 변하면서
다시 기운으로 빠지는데
그것은 내선과 외선을 논하는 것

자신의 또아리
담겨있는 건 나의 빠른 정신과
뜻이 통하는 너의 정신
이것이 합해지면
다시 기운이 뻗쳐
일곱이 된다

히라야

득도

기(起)승(承)전(傳)결(結)

나와 네가 맺어질 때
가슴속에서 터질 듯한
극한 짜릿함 속에
피어나는 초롱초롱한
꽃망울에서
암수가 터져 짝을 이루니
드디어 향기를 내뿜음이라

그 꽃을 이름하니
동방의 후리지아(중심지)와 같음이라

후리지아와 득도
생각해보면 초롱꽃과 비슷하면서도
좀더 가까이할 수 있는 꽃

멀지않다는 얘기란다
조금만 더 노력해다오

너를 그윽한 향기로 채우려면
겨울동안 통풍이 잘 되는 곳에

달 그림자를 옮겨 놓은 듯
깊은 토기 속에 몸을 감춤이라

당부하니 조금만 더
꽃을 피워줬으면 한다

가지가지 매달린
꽃송이를 보노라면
참았던 것이 뽀드득하고
허물을 벗고
종지(終止)를 찍는 것이라

쏘아올린 나의 이름이
만사를 이롭게 하는
힘을 주는 것이며
찐한 뜻과 너의 전부를
나의 이름 속에 간직함이라

세상에 나와
커다란 씨를 뿌려 놓아

조그만 싹이 돋아도
차츰차츰 그 싹이
토기 속에 든든한 버팀목이 될 수 있음이라

씨를 찾음에 걱정하지 않고
그윽한 향기로 그저 허공을 가득 채우리라

이해

누군가에게 도움이 되고자 한다면
나를 버리는 것보다
상대를 이해하는 것이 더 빠르다

무언가가 움직이거나 스칠 때
나의 힘을 모아 그것을 읽어야 한다

그렇게 하다 보면
언젠가는 더 많은 것을 얻게 되는데
그때는 욕심을 버리고
있는 그 자체로서 안아야 할 것이며
본체 본심이 무엇인지를
항상 머릿속에 맘 속에 간직하여야 한다

내가 가진 것을 전해 주고자 할 때
상대의 생각과 마음을 잘 이해하고 읽어야
진정한 가르침이 될 것이며
올바른 길로 인도하는 것이 된다

나의 판단과 주장을 주지시키려 말고
상대에 맞는 일러줌이 필요함을 기억하라

생각을 바꿔 행동에 옮겨라

후회

사람이 죽음을 앞에 두고서는
자신의 뒤를 돌아보게 된다

어느 누가 죽음 앞에 떳떳이 말할 수 있는가
후회 없이 잘 살았다고

내 삶의 반을 지나 여기까지 왔을 때는
무언가를 하려고 함이었을텐데
아직 아무것도 해 놓은 것이 없다면

무얼 하여야 잘 살고 간다고 하겠는가

시키는 대로 했다하여
잘 살았다고 하겠는가 말이다

문득 문득 나를 누르는 그 무언가에
때론 힘없이 꼭두각시 됨이니
정신 차려 잘 살아야 할 터인데

가져야 할 것과 버려야 할 것을

구분할 수 있는가
구분한다고 해서 지킬 수 있는가
그러나 그 구분 또한 부질없음을 아는가

어렵다

어디부터가 진짜이고
어디부터가 가짜인지를
판단하기가 힘이 든다

내가 앞으로 걸어가야 할 길에 놓인
저 산더미 같은 짐들은 어찌 할 것인가

그 짐 앞에서 갈팡질팡하는 모습에
애처로움만이 가득 할 뿐이라

어이해야 이 풍진 세상
멋들어지게 살다가나 말이다

그 잘 살고자함도 나의 욕이거늘

내가 보낸 삶을
누구에게든 떳떳이 말할 수 있다면

언제든 훌훌 털고 가리라

순응

자연이라 함은
인간이 살아가면서 변화보다는
순응을 가르치는 것이다

그 순응이 나를 알고
나를 버릴 줄도 알고
나를 세울 줄도 아는 것이다

혜말(鞋襪)

완벽함이란 스스로를 옭아매는 것이라

아이야
나를 낮춘다는 것은
나를 높이는 것과도 같으니
힘들어 하지 마라

네가 어느 때 어느 곳에 있든
나는 항상 존재한다

높이 올라 가다 보면
반드시 발밑을 볼 줄 알아야 하고
나를 만날 수 있어야 한다

불안해 할 필요도 없고
서두를 필요도 없고
단지 그곳을 향해 갈 뿐이니
묵묵히 가다 보면 다다를 것이라

시기(猜忌)

남을 미워하는 마음을 가지고서는
나를 밝힐 수는 없다

산다는 것은

이렇게도 살아가고
저렇게도 살아가고
각자의 사는 것이 달라

내가 이리 산다고
다른 이도 이리 살아야 하는 게 아니듯
남이 저리 산다고
내가 저리 사는 것 또한 아니니

어찌 누가 무어라고 하리오

내가 살아가야 할 삶이
힘에 부쳐도
가야만 하는 길이라

나의 옳음이 모든 것이 아니듯
다른 이의 그름이 틀림이 아니니
널리 생각하면 다름이라

진심은 늘 가운데 있듯

내가 중심을 잡고
어떤 무언가를 행할 때
누군가가 나를 본다면
어떤 어긋남도 없을 것이라

청초한 꽃이 방울방울 맺힐 때
나는 또 다른 꽃을 따서
그 방울진 꽃에 얹어 봄이라
즉 어울림 속에 조화라
조화라는 것은 나의 생각과
너의 생각을 이치에 맞춰 봄이라

꽃이 꽃을 만날 때
춤을 추며 그 움직임을 쫓아가듯
단지 겉만 화려함이 아닌
귀한 향기로 어울려야
그 꽃들의 아름다움이
소중하게 여겨 질 것이라

언제나 그 향기로
나와 너의 삶을 그윽하게 만들고자 함이라

너의 향기로
나의 삶을 가득 채워 줬으면 한다

나의 향기로
너의 삶을 아름답게 만들고 싶다

떠가는 구름에 너를 비췄을 때
한 송이의 꽃처럼
또렷이 나의 눈 속에 담아 본다

둘이서 그 구름을 타고
정다웁게 다녀보지 않으련

꽃처럼 어여쁜 너에게
나는 또 청하노니

간절함

丙戌은 절요(切要)한다

중요한 것은 최고의 학문으로 만드는 것
누구도 쫓아올 수 없는 문서

쉽게 받지 못하나
주인은 있기에

어떤 주인을 만나느냐에
그 누설의 범위와 역량이 틀려지고
죄와 벌이 정해지기도 한다

중대한 사항을 가지고서
남을 혼란스럽게 하면 안되니
적절한 답을 해야 하는 게
주인의 역할이다

그 역할을 뒤집는다면
주인은 바뀔 것이고
잠시라도 뜻을 져버리지 않도록

항시 노력해야한다

더없는 학문을 만들어야 함에
쉽지 않겠지만 함구하면서 뜻을 생각하며
마음을 다하여
나의 깊은 뜻과 상고(詳考)하여 비문(秘文)에 바친다

말

미움은 독이 되니
원망하지 마라

말을 함에 있어
빈 갑을 손에 쥐는 것처럼
뚫림이 있는 말은 빈손이요

텅 빈 것은
때로는 마음을 아프게 하는 것이요

멋을 부린 말은
사람을 사납게도 만듦이요

모든 것 중에서도
마음을 사로잡는 것은
나의 부드러움이니
터널 지나 밝음이 오듯
믿음을 가져야 한다

머릿속을 너무 채우지 마라
하늘거리는 옷자락처럼 보이게 하라
겨우내 얼었던 강물이 흘러가듯 보낼 수 있어야 한다

인물이 되려면
모진 바람에도 맞설 수 있어야 하고
비바람에도 소나무가 세월을 견디듯

또한 매일같이 사람의 손길을 몹시도 그리워하듯

어떠한 상황 속에서도
그저 바라볼 수 있어야 한다

별

고개를 젖혀
머리 위에
환하게 무리지어 떠 있는
별을 바라봄과
고개를 숙이거나
듦 없이
그저 저 멀리 아득히
홀로 빛을 발하고 있는
별을 바라봄은

시간은 걸릴지라도
묵묵히 그 별을 향해 가다 보면
언젠가는 맞닿을 날이 있지 않겠나

삶이 때론 보이지 않는 별과도
같이 느껴질 때가 있으니

가만히 들여다 보면
별이 보이지 않는 것이 아니라
그 별의 빛을 찾을 시간이 필요한 것이라

같은 별을 바라보더라도
별의 움직임과 빛은
보는 눈과 상에 따라 다르니

빛나는 별을 찾기보다
나의 눈을 밝히는 것이 더 값진 삶이리라

부석사에서

주인이 될 것인가
주인을 기다릴 것인가

꿈동산

내 사랑을 넘보지 말구려
나도 아까워 내놓질 못하는데

너를 통해 나는
나만의 아름다운 산으로 가꾸고자 하나
자꾸만 다른 이들이 탐을 내는구나

산을 뭉갤 수도 옮길 수도 없는

그러니 아가야
조금만 더 산을 깊숙이 가려보자구나

그러다 보면 지금보다 더
아름다운 산을 만들 수 있을지니

좋은 이가 와도
산을 내어 주기보다
그 산을 멋지게 만들 수 있도록

산을 호란하게 만들기보다
기품서린 곳으로 다듬어 보자구나

자연

자연은 아무런 말이 없다

보이느냐
저 넓디넓은 세상이
꿈은 꾸는 이에게는
아무것도 아니란다

땅을 짚고 일어나 보거라

너의 뒤를 따르는 이에게
초석이 되어야 하느니
힘을 내어
저 건너로 가 보자구나

신의(信義)

사랑이 바탕이 된 신의보다
신의가 바탕이 된 사랑이
영원할 수 있다

애착

나와의 인연들을
소중히 여길 줄 알아야 한다

그 줄들을 잘 잡고 있는 것
또한 중요하다

그 줄이 엉키지 않도록
먼지가 앉지 않도록
신경을 써야 한다

하지만 어느 한 줄에 치우쳐
그 줄을 너무 닦다 보면
그 줄은 닳고 닳아
끊어져 버리고 만다

애착을 버려야만 이어갈지니